| | |
|---|---|
| école - школа | 2 |
| voyage - путешествие | 5 |
| transport - транспорт | 8 |
| ville - город | 10 |
| paysage - ландшафт | 14 |
| restaurant - ресторан | 17 |
| supermarché - супермаркет | 20 |
| boissons - напитки | 22 |
| aliments - еда | 23 |
| ferme - ферма | 27 |
| maison - дом | 31 |
| salle de séjour - гостиная | 33 |
| cuisine - кухня | 35 |
| salle de bains - ванная комната | 38 |
| chambre d'enfant - детская комната | 42 |
| vêtements - одежда | 44 |
| bureau - офис | 49 |
| économie - экономика | 51 |
| professions - профессии | 53 |
| outils - инструменты | 56 |
| instruments de musique - музыкальные инструменты | 57 |
| zoo - зоопарк | 59 |
| sports - спорт | 62 |
| activités - действия | 63 |
| famille - семья | 67 |
| corps - тело | 68 |
| hôpital - больница | 72 |
| urgence - неотложный случай | 76 |
| Terre - земля | 77 |
| heure - часы | 79 |
| semaine - неделя | 80 |
| année - год | 81 |
| formes - формы | 83 |
| couleurs - цвета | 84 |
| opposés - противоположности | 85 |
| nombres - цифры | 88 |
| langues - языки | 90 |
| qui / quoi / comment - кто / что / как | 91 |
| où - где | 92 |

Impressum
Verlag: BABADADA GmbH, Nedderfeld 112 , 22529 Hamburg
Geschäftsführer / Verlagsleitung: Harald Hof
Druck: Books on Demand GmbH, In de Tarpen 42, 22848 Norderstedt

Imprint
Publisher: BABADADA GmbH, Nedderfeld 112 , 22529 Hamburg, Germany
Managing Director / Publishing direction: Harald Hof
Print: Books on Demand GmbH, In de Tarpen 42, 22848 Norderstedt

# école
# школа

- diviser — делить
- tableau — доска
- salle de classe — классная комната
- cour d'école — школьный двор
- enseignant — учитель
- papier — бумага
- écrire — писать
- stylo — ручка
- bureau de travail — письменный стол
- règle — линейка
- livre — книга
- écolier — ученик

sac d'écolier
ранец

trousse
пенал

crayon
карандаш

taille-crayon
точилка

gomme à effacer
ластик

bloc de papier à dessin
альбом для рисования

dessin
рисунок

pinceau
кисточка

boîte de peintures
коробка красок

ciseaux
ножницы

colle
клей

cahier d'exercices
тетрадь

devoirs
домашняя работа

chiffre
цифра

additionner
прибавлять

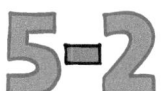

soustraire
вычитать

multiplier
умножать

calculer
считать

lettre
буква

alphabet
алфавит

mot
слово

école - школа

texte
текст

lire
читать

craie
мел

leçon
урок

le cahier de notes
классный журнал

examen
экзамен

certificat
диплом

uniforme scolaire
школьная форма

éducation
образование

encyclopédie
энциклопедия

université
университет

microscope
микроскоп

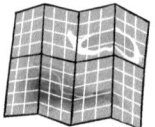
carte
карта

corbeille à papier
корзина для бумаг

# voyage

# путешествие

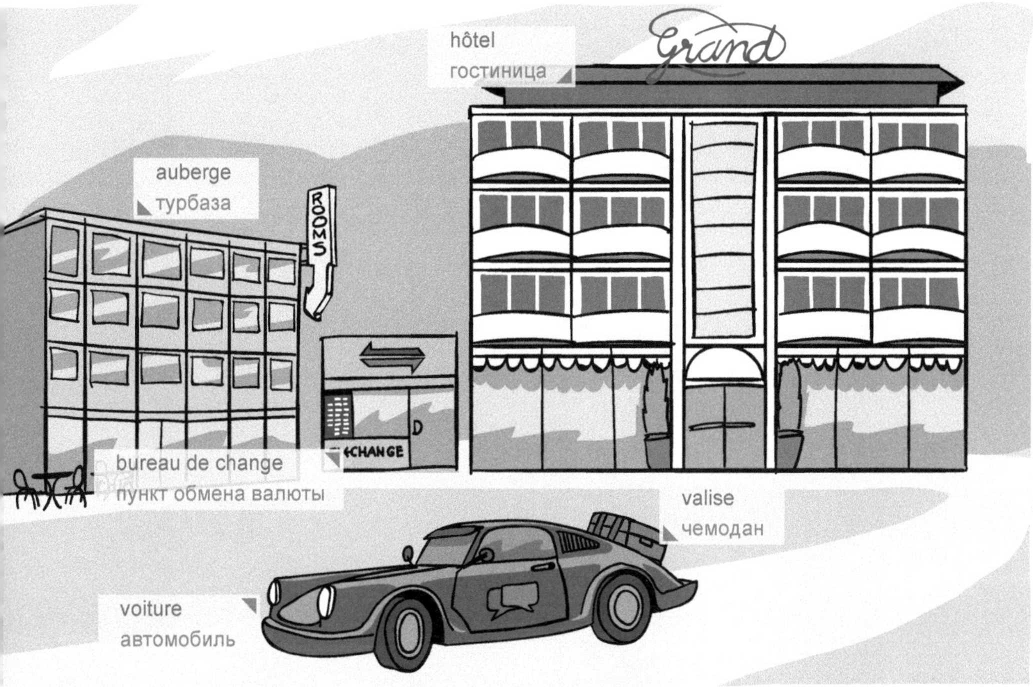

hôtel
гостиница
Grand
auberge
турбаза
ROOMS
bureau de change
пункт обмена валюты
EXCHANGE
valise
чемодан
voiture
автомобиль

langue

язык

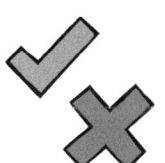

oui / non

да / нет

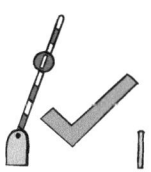

Okay

хорошо

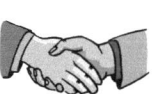

Allo!

Привет

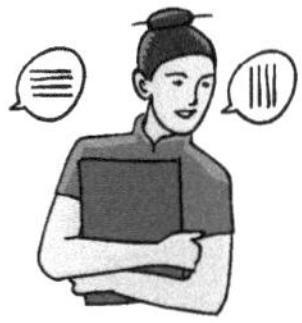

traducteur

переводчик

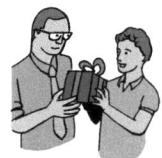

Merci

Спасибо

Combien coûte...?
Сколько стоит...?

Je ne comprends pas
Я не понимаю

problème
проблема

Bonsoir !
Добрый вечер!

Bonjour !
Доброе утро!

Bonne nuit !
Доброй ночи!

bye bye
До свидания

direction
направление

bagages
багаж

sac
сумка

sac à dos
рюкзак

invité
гость

pièce
комната

sac de couchage
спальный мешок

tente
палатка

bureau d'information touristique
...............
туристическая информация

plage
...............
пляж

carte de crédit
...............
кредитная карточка

déjeuner
...............
завтрак

dîner
...............
обед

souper
...............
ужин

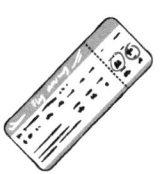

billet
...............
билет

ascenceur
...............
лифт

timbre
...............
почтовая марка

frontière
...............
граница

douane
...............
таможня

ambassade
...............
посольство

visa
...............
виза

passeport
...............
паспорт

voyage - путешествие

# transport
# транспорт

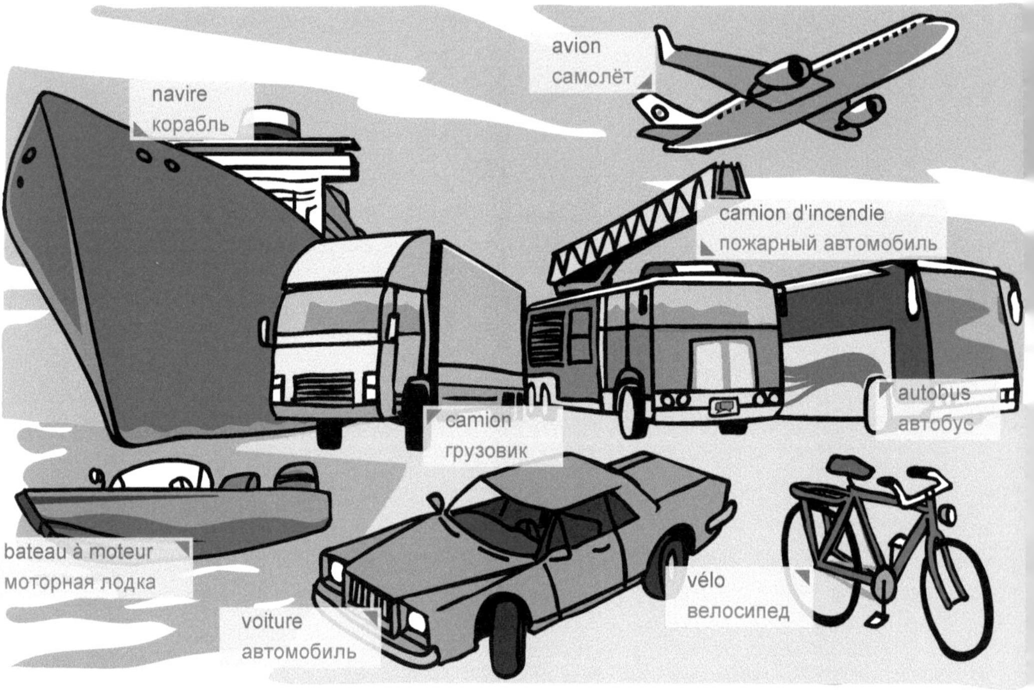

avion
самолёт

navire
корабль

camion d'incendie
пожарный автомобиль

autobus
автобус

camion
грузовик

bateau à moteur
моторная лодка

voiture
автомобиль

vélo
велосипед

traversier

паром

bateau

лодка

motocyclette

мотоцикл

voiture de police

полицейский автомобиль

voiture de course

гоночный автомобиль

voiture de location

арендованный автомобиль

autopartage

совместное пользование автомобилями

dépanneuse

буксировочный автомобиль

camion à ordures

мусоровоз

moteur

двигатель

carburant

топливо

station-service

заправка

panneau de signalisation

дорожный знак

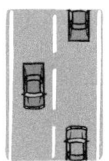

circulation

движение

embouteillage

пробка

parc de stationnement

автостоянка

gare

вокзал

voies ferrées

рельсы

train

поезд

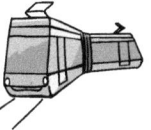

tramway

трамвай

wagon

вагон

transport - транспорт

hélicoptère

вертолёт

aéroport

аэропорт

tour

вышка

passager

пассажир

conteneur

контейнер

boîte en carton

коробка

chariot

тележка

panier

корзина

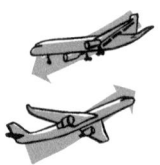

décoller / atterrir

взлетать / приземляться

## ville

## город

village

деревня

centre-ville

центр города

maison

дом

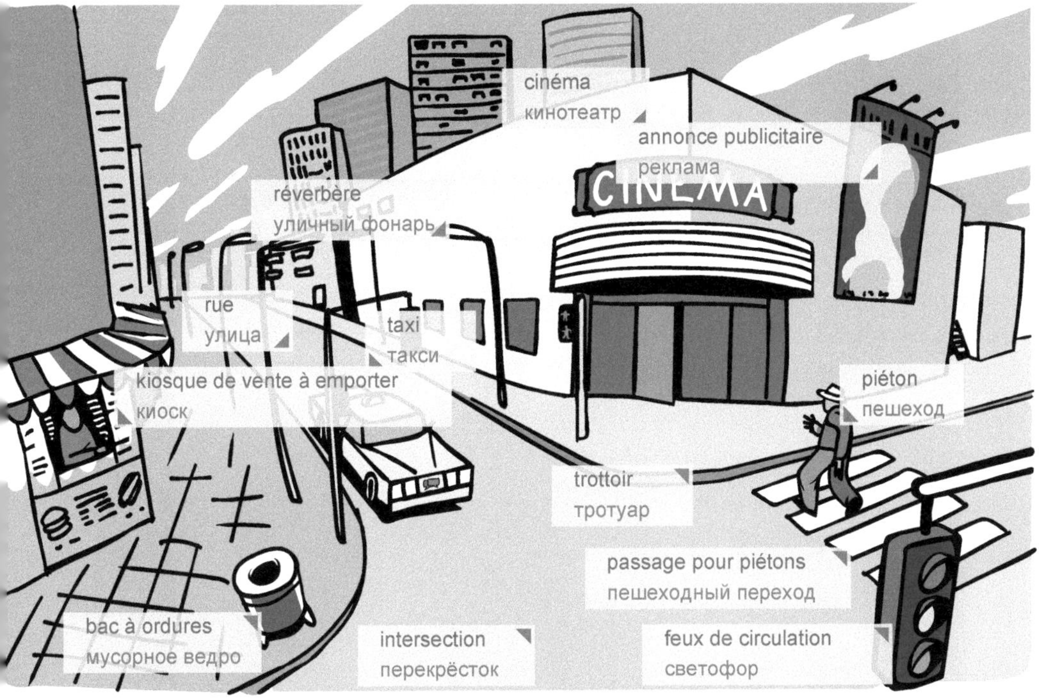

cinéma
кинотеатр

annonce publicitaire
реклама

réverbère
уличный фонарь

rue
улица

taxi
такси

kiosque de vente à emporter
киоск

piéton
пешеход

trottoir
тротуар

passage pour piétons
пешеходный переход

bac à ordures
мусорное ведро

intersection
перекрёсток

feux de circulation
светофор

cabane
хижина

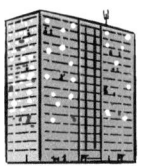

appartement
квартира

gare
вокзал

hôtel de ville
ратуша

musée
музей

école
школа

ville - город

université

университет

banque

банк

hôpital

больница

hôtel

гостиница

pharmacie

аптека

bureau

офис

librairie

книжный магазин

magasin

магазин

fleuriste

цветочный магазин

supermarché

супермаркет

marché

рынок

grand magasin

универмаг

poissonnerie

торговец рыбой

centre commercial

торговый центр

port

порт

ville - город

parc
парк

banc
скамейка

pont
мост

escaliers
лестница

métro
метро

tunnel
тоннель

arrêt d'autobus
автобусная остановка

bar
бар

restaurant
ресторан

boîte à lettres
почтовый ящик

plaque de rue
табличка с названием улицы

parcomètre
паркометр

zoo
зоопарк

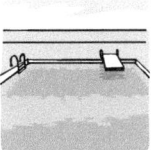

bains publics
бассейн

mosquée
мечеть

ville - город

ferme
ферма

pollution
загрязнение окружающей среды

cimetière
кладбище

église
церковь

aire de jeux
детская площадка

temple
храм

## paysage
## ландшафт

- feuille — лист
- panneau indicateur — дорожный указатель
- chemin — дорога
- pré — луг
- pierre — камень
- arbre — дерево
- randonneur — путешественник
- rivière — река
- herbe — трава
- fleur — цветок

vallée
долина

colline
гора

lac
озеро

forêt
лес

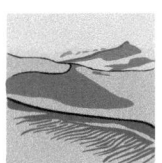
désert
пустыня

volcan
вулкан

château
замок

arc-en-ciel
радуга

champignon
гриб

palmier
пальма

moustique
комар

mouche
муха

fourmi
муравей

abeille
пчела

araignée
паук

paysage - ландшафт

scarabée
жук

grenouille
лягушка

écureuil
белка

hérisson
еж

lièvre
заяц

chouette
сова

oiseau
птица

cygne
лебедь

sanglier
кабан

cerf
олень

orignal
лось

barrage
плотина

éolienne
ветряной генератор

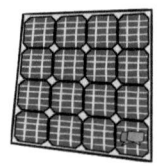

panneau solaire
солнечная батарея

climat
климат

paysage - ландшафт

# restaurant
# ресторан

serveur
официант

menu
меню

chaise
стул

pizza
пицца

soupe
суп

coutellerie
столовые приборы

nappe
скатерть

hors-d'œuvre
закуска

plat principal
главное блюдо

dessert
десерт

boissons
напитки

aliments
еда

bouteille
бутылка

restauration rapide

фастфуд

cuisine de rue

уличная еда

théière

чайник

sucrier

сахарница

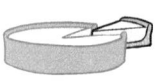

part

порция

machine à expresso

кофеварка

chaise haute d'enfant

детский стульчик

facture

счет

plateau

поднос

couteau

нож

fourchette

вилка

cuillère

ложка

cuillère à thé

чайная ложка

serviette

салфетка

verre

стакан

restaurant - ресторан

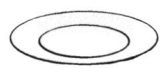

assiette

тарелка

assiette creuse

суповая тарелка

soucoupe

блюдце

sauce

соус

salière

солонка

moulin à poivre

мельница для перца

vinaigre

уксус

huile

масло

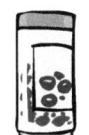

épices

специи

ketchup

кетчуп

moutarde

горчица

mayonnaise

майонез

# supermarché

## супермаркет

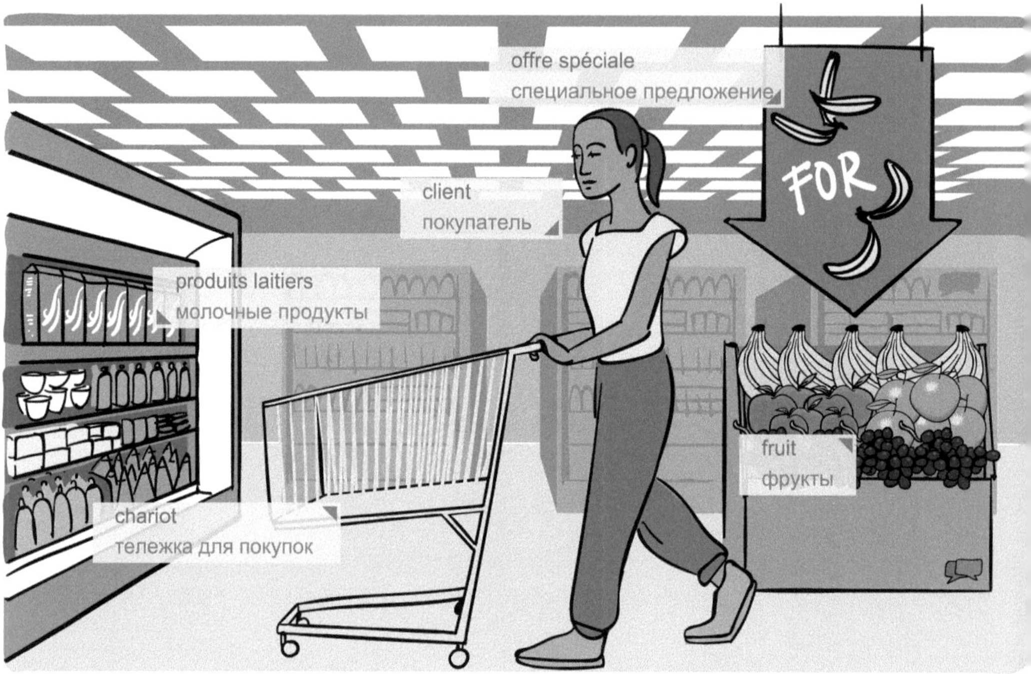

offre spéciale
специальное предложение
FOR
client
покупатель
produits laitiers
молочные продукты
fruit
фрукты
chariot
тележка для покупок

BUTCHERS

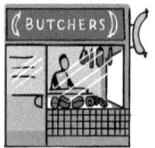

boucherie

мясной магазин

BAKERY

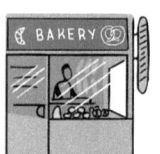

boulangerie

пекарня

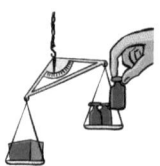

peser

взвешивать

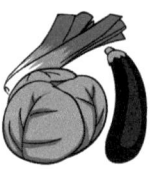

légumes

овощи

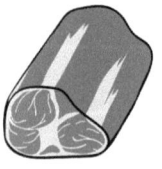

viande

мясо

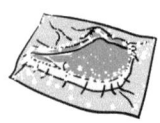

aliments congelés

быстрозамороженные продукты

viandes froides

нарезка

conserves

консервы

détergent à lessive en poudre

стиральный порошок

sucreries

сладости

produits d'entretien ménager

предмет домашнего обихода

produits d'entretien

моющее средство

vendeuse

продавщица

caisse

касса

caissier

кассир

liste de provisions

список покупок

heures d'ouverture

время работы

portefeuille

бумажник

carte de crédit

кредитная карточка

sac

сумка

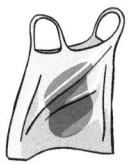

sac plastique

полиэтиленовый пакет

supermarché - супермаркет

# boissons
# напитки

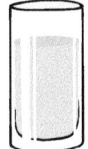

eau
вода

jus
сок

lait
молоко

cola
кока-кола

vin
вино

bière
пиво

alcool
алкоголь

cacao
какао

thé
чай

café
кофе

expresso
эспрессо

cappuccino
капучино

## aliments
## еда

banane

банан

pomme

яблоко

orange

апельсин

melon d'eau

арбуз

citron

лимон

carotte

морковь

ail

чеснок

bambou

бамбук

oignon

лук

champignon

гриб

noix

орехи

nouilles

лапша

| spaghettis | riz | salade |
|---|---|---|
| спагетти | рис | салат |

| frites | pommes de terre sautées | pizza |
|---|---|---|
| картофель фри | жареный картофель | пицца |

| hamburger | sandwich | escalope |
|---|---|---|
| гамбургер | сэндвич | шницель |

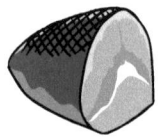

| jambon | salami | saucisse |
|---|---|---|
| ветчина | салями | колбаса |

| poulet | rôti | poisson |
|---|---|---|
| курица | жаркое | рыба |

aliments - еда

gruau d'avoine

овсяные хлопья

muesli

мюсли

flocons de maïs

кукурузные хлопья

farine

мука

croissant

круассан

petit pain

булочка

pain

хлеб

rôtie

тост

biscuits

печенье

beurre

масло

caillé

творог

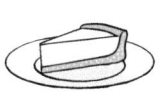

gâteau

пирог

œuf

яйцо

œuf miroir

яичница

fromage

сыр

aliments - еда

crème glacée

мороженое

sucre

сахар

miel

мёд

confiture

мармелад

crème de nougat

крем с нугой

cari

карри

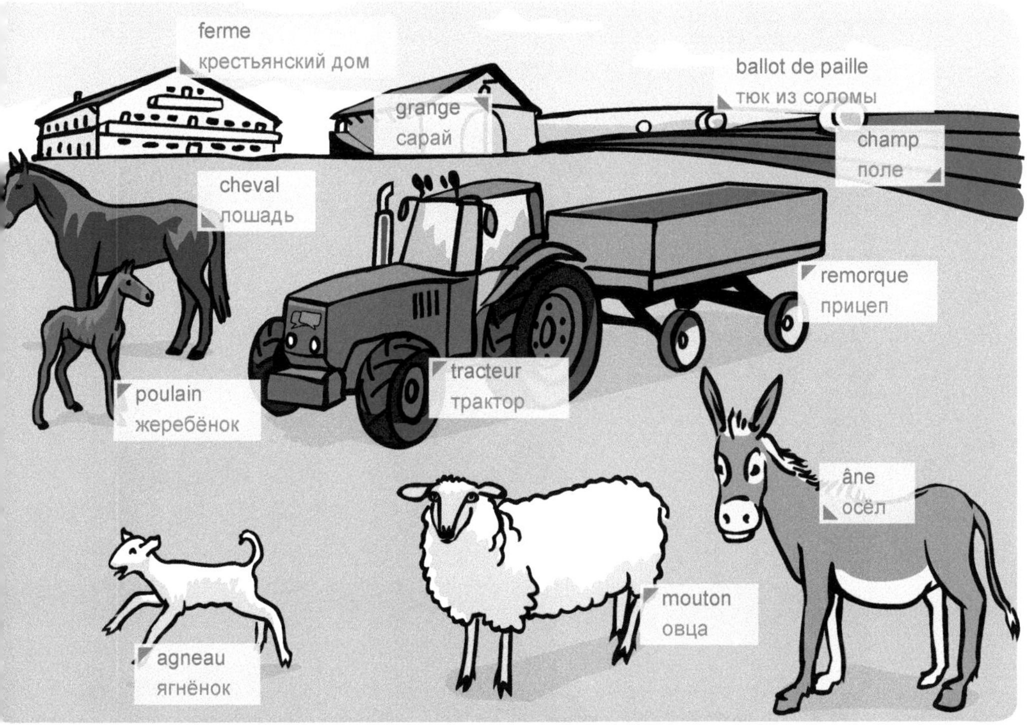

# ferme
# ферма

chèvre
коза

vache
корова

veau
телёнок

porc
свинья

porcelet
поросёнок

taureau
бык

oie
гусь

canard
утка

poussin
цыплёнок

poule
курица

coq
петух

rat
крыса

chat
кошка

souris
мышь

bœuf
вол

chien
собака

niche
конура

tuyau d'arrosage
садовый шланг

arrosoir
лейка

FALSE
коса

charrue
плуг

ferme - ферма

faucille
серп

binette
мотыга

fourche à foin
навозные вилы

hache
топор

brouette
тачка

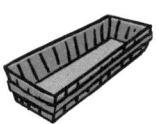
auge
корыто

pot à lait
бидон для молока

grand sac
мешок

clôture
забор

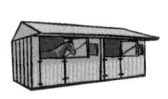
écurie
хлев

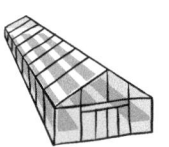
serre
теплица

sol
почва

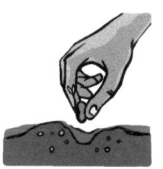
graines
посев

engrais
удобрение

moissonneuse-batteuse
комбайн

ferme - ферма

récolter
собирать урожай

récolte
урожай

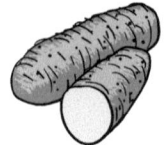
igname
ямс

blé
пшеница

soja
соя

pomme de terre
картофель

maïs
кукуруза

graine de colza
рапс

arbre fruitier
фруктовое дерево

manioc
маниок

grains
злаки

# maison
# дом

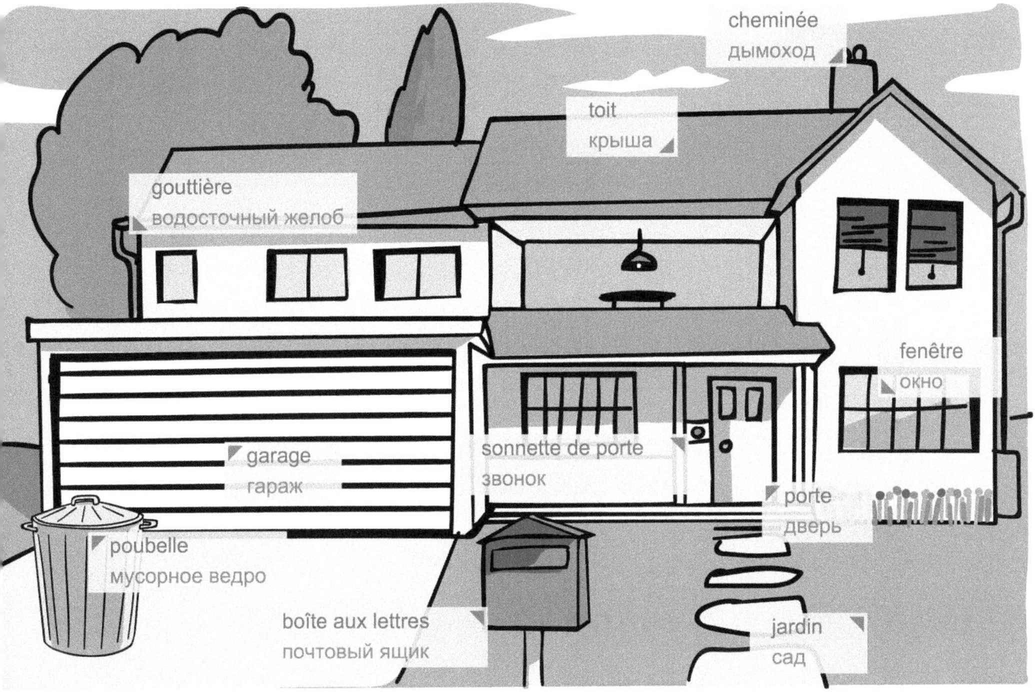

cheminée / дымоход
toit / крыша
gouttière / водосточный желоб
fenêtre / окно
garage / гараж
sonnette de porte / звонок
porte / дверь
poubelle / мусорное ведро
boîte aux lettres / почтовый ящик
jardin / сад

salle de séjour

гостиная

salle de bains

ванная комната

cuisine

кухня

chambre à coucher

спальня

chambre d'enfant

детская комната

salle à manger

столовая

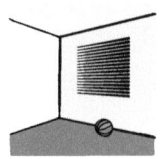

plancher

пол

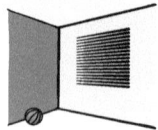

mur

стена

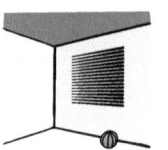

plafond

потолок

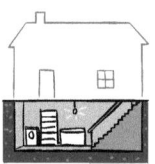

cellier

подвал

sauna

сауна

balcon

балкон

terrasse

терраса

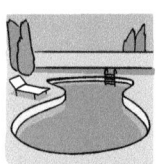

piscine

бассейн

tondeuse à gazon

газонокосилка

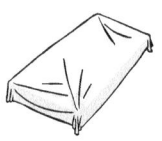

drap

пододеяльник

jeté de lit

покрывало

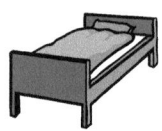

lit

кровать

balai

метла

seau

ведро

interrupteur

выключатель

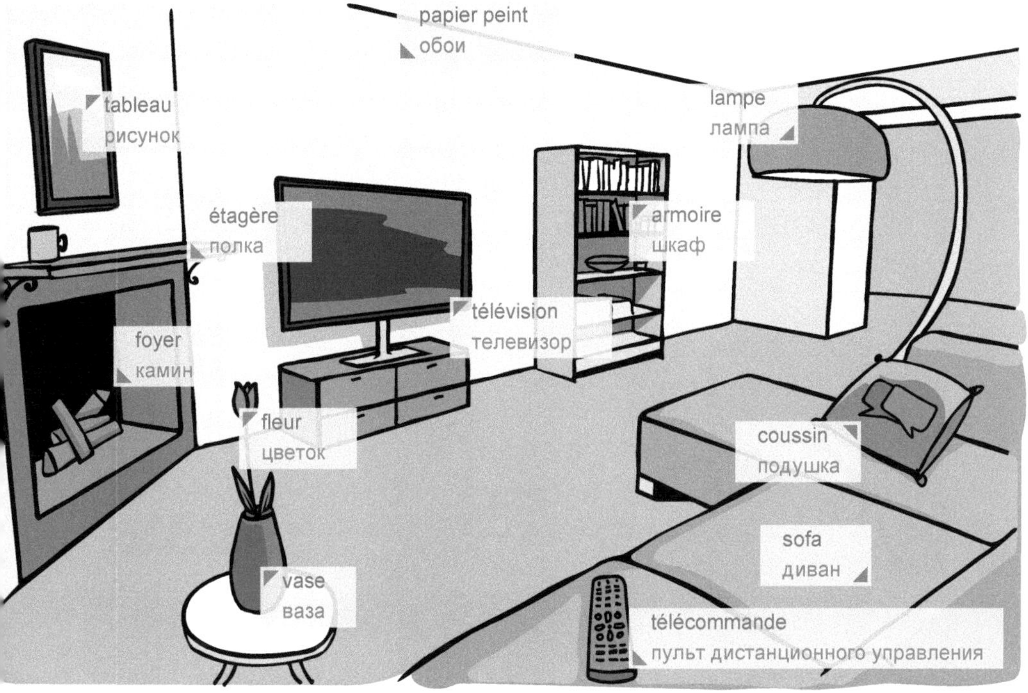

# salle de séjour
# гостиная

- papier peint / обои
- tableau / рисунок
- lampe / лампа
- étagère / полка
- armoire / шкаф
- foyer / камин
- télévision / телевизор
- fleur / цветок
- coussin / подушка
- vase / ваза
- sofa / диван
- télécommande / пульт дистанционного управления

tapis
ковёр

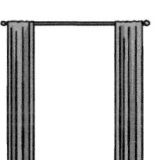

rideau
штора

table
стол

chaise
стул

berceuse
кресло-качалка

fauteuil
кресло

livre
книга

couverte
покрывало

décoration
украшение

bois de chauffage
дрова

film
фильм

chaîne hi-fi
стереосистема

clé
ключ

journal
газета

peinture
картина

affiche
плакат

radio
радио

bloc-notes
блокнот

aspirateur
пылесос

cactus
кактус

chandelle
свеча

salle de séjour - гостиная

# cuisine
# кухня

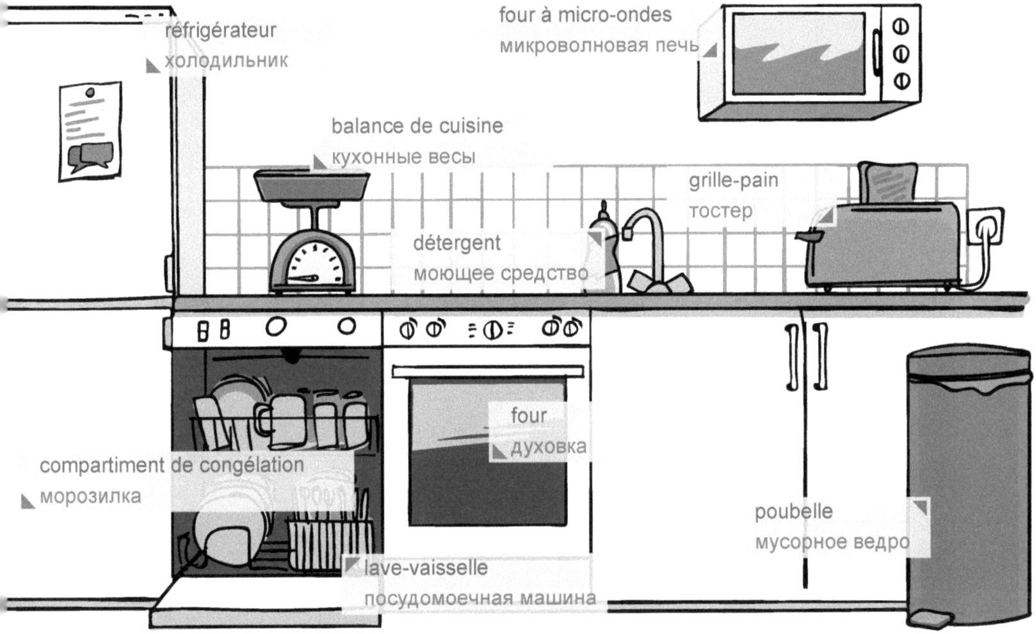

- réfrigérateur / холодильник
- four à micro-ondes / микроволновая печь
- balance de cuisine / кухонные весы
- grille-pain / тостер
- détergent / моющее средство
- compartiment de congélation / морозилка
- four / духовка
- poubelle / мусорное ведро
- lave-vaisselle / посудомоечная машина

cuisinière

плита

marmite

кастрюля

cocotte en fonte

чугунный котелок

wok / kadai

вок / кадай

poêle

сковорода

bouilloire

чайник

cuiseur à vapeur

пароварка

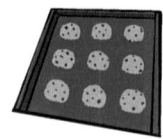

plaque à pâtisserie

противень

vaisselle

посуда

grande tasse

кружка

bol

миска

baguettes

палочки для еды

louche

половник

spatule

лопатка

fouet

сбивалка

passoire

сито

tamis

сито

râpe

тёрка

mortier

ступка

barbecue

гриль

foyer

костёр

planche à découper
доска

rouleau à pâtisserie
скалка

tire-bouchon
штопор

boîte à conserves
жестяная банка

ouvre-boîte
консервный нож

mitaine de four
прихватка

évier
раковина

brosse
щетка

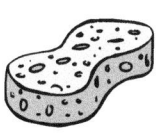
éponge
губка

mélangeur
миксер

congélateur
морозильная камера

biberon
бутылочка для кормления

robinet
кран

cuisine - кухня

# salle de bains
## ванная комната

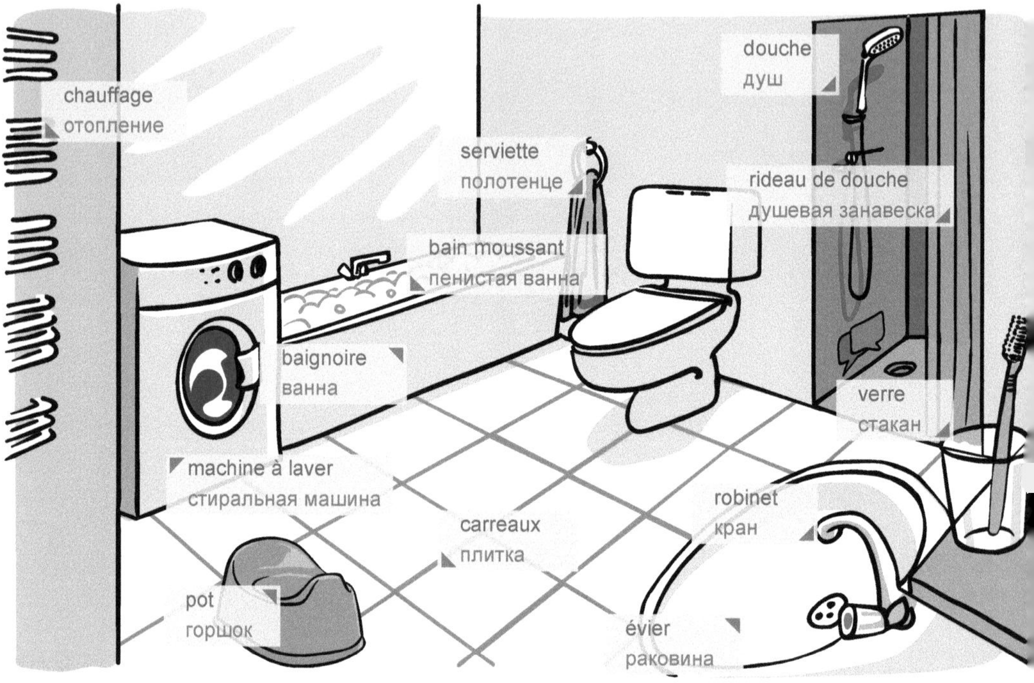

- chauffage — отопление
- douche — душ
- serviette — полотенце
- rideau de douche — душевая занавеска
- bain moussant — пенистая ванна
- baignoire — ванна
- verre — стакан
- machine à laver — стиральная машина
- carreaux — плитка
- robinet — кран
- pot — горшок
- évier — раковина

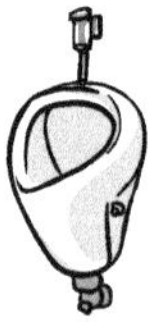

| | | |
|---|---|---|
| toilette | toilette turque | bidet |
| туалет | напольный унитаз | биде |
| urinoir | papier hygiénique | brosse à toilette |
| писсуар | туалетная бумага | ершик |

salle de bains - ванная комната

brosse à dents

зубная щётка

dentifrice

зубная паста

soie dentaire

зубная нить

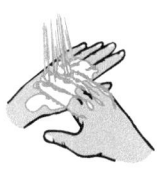

laver

мыть

douchette

ручной душ

douche vaginale

интимный душ

cuvette

таз

brosse pour le dos

щётка для спины

savon

мыло

gel douche

гель для душа

shampoing

шампунь

débarbouillette

мочалка

drain

сток

crème

крем

déodorant

дезодорант

salle de bains - ванная комната

miroir

зеркало

miroir à main

ручное зеркало

rasoir

бритва

mousse à raser

пена для бритья

après-rasage

лосьон после бритья

peigne

расческа

brosse

щетка

sèche-cheveux

фен

laque

лак для волос

maquillage

косметика

rouge à lèvres

губная помада

vernis à ongles

лак для ногтей

ouate

вата

ciseaux à ongles

маникюрные ножницы

parfum

духи

trousse de toilette  
косметичка

tabouret  
табуретка

pèse-personne  
весы

peignoir  
халат

gants de caoutchouc  
резиновые перчатки

tampon  
тампон

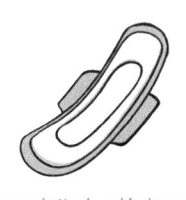
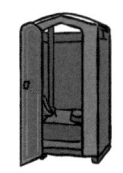

serviette hygiénique  
гигиеническая прокладка

toilette chimique  
биотуалет

# chambre d'enfant
# детская комната

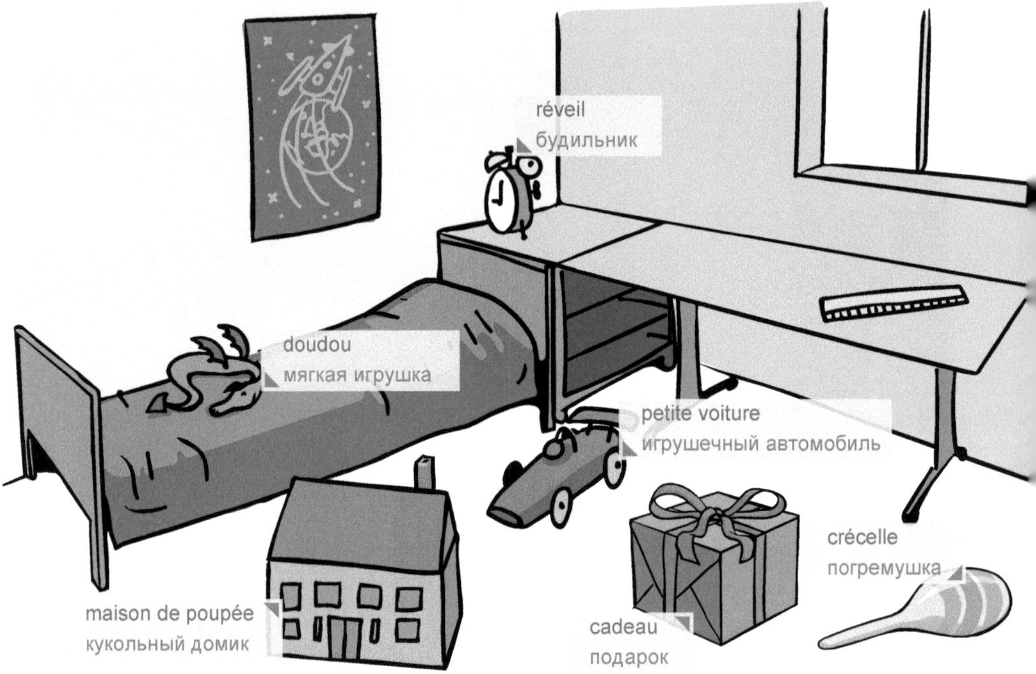

réveil
будильник
doudou
мягкая игрушка
petite voiture
игрушечный автомобиль
crécelle
погремушка
maison de poupée
кукольный домик
cadeau
подарок

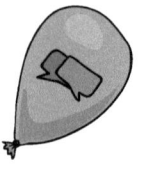

ballon

воздушный шар

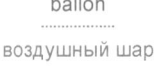

lit

кровать

landau

детская коляска

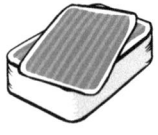

jeu de cartes

карточная игра

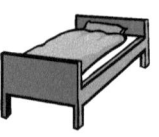

casse-tête

пазл

SUPER MEGA

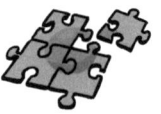

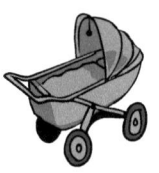

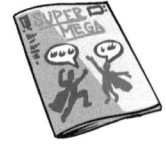

bande dessinée

комикс

blocs LEGO

кирпичики Лего

jeu de briques

кубики

figurine articulée

игрушечная фигурка

dormeuse

ползунки

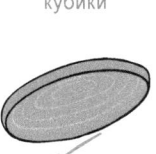

disque volant

фрисби

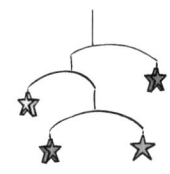

mobile

мобиле

jeu de société

настольная игра

dé

кубик

ensemble de modèles de train

модель железной дороги

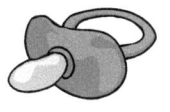

mannequin

соска

fête

вечеринка

livre d'images

книга с картинками

balle

мяч

poupée

кукла

jouer

играть

chambre d'enfant - детская комната

bac à sable

песочница

balançoire

качели

jouets

игрушка

console de jeu vidéo

игровая приставка

tricycle

трёхколесный велосипед

ours en peluche

плюшевый медвежонок

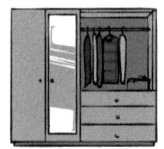

garde-robe

шкаф для одежды

# vêtements
# одежда

chaussettes

носки

bas

чулки

collant

колготки

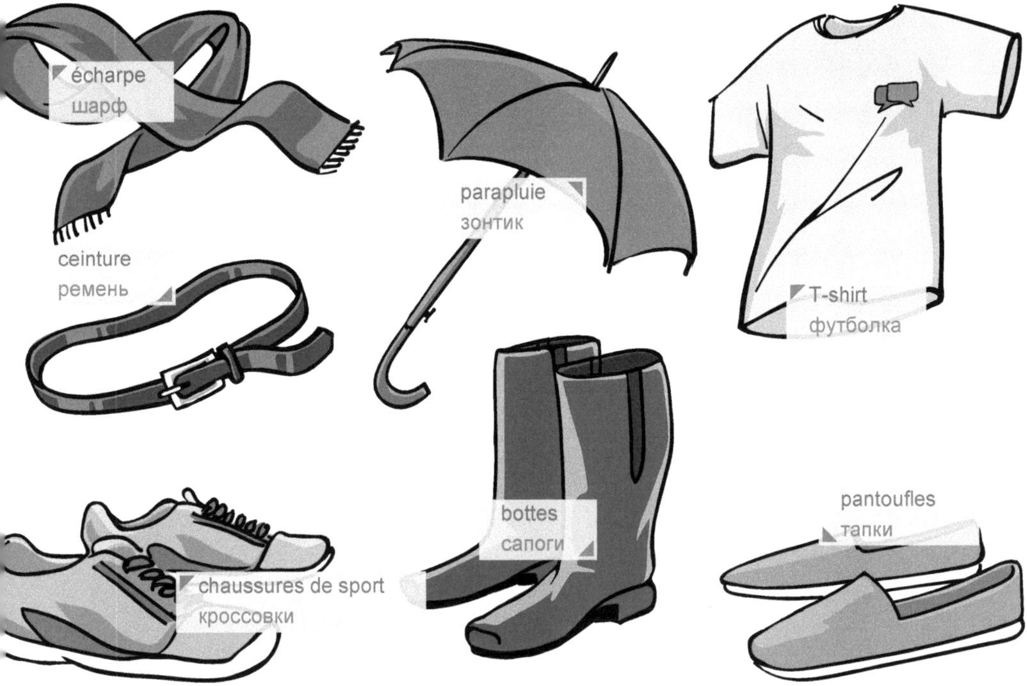

écharpe
шарф

parapluie
зонтик

T-shirt
футболка

ceinture
ремень

bottes
сапоги

pantoufles
тапки

chaussures de sport
кроссовки

sandales
сандалии

souliers
ботинки

bottes de caoutchouc
резиновые сапоги

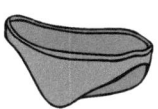

sous-vêtements
трусы

soutien-gorge
бюстгальтер

gilet
майка

vêtements - одежда

body

боди

pantalon

брюки

jean

джинсы

jupe

юбка

chemisier

блузка

chemise

рубашка

chandail

свитер

chandail à capuche

свитер

blazer

спортивная куртка

veste

жакет

manteau

пальто

manteau de pluie

плащ

complet

костюм

robe

платье

robe de mariée

свадебное платье

tailleur

мужской костюм

chemise de nuit

ночная сорочка

pyjama

пижама

sari

сари

foulard

платок

turban

тюрбан

burqa

паранджа

cafetan

кафтан

abaya

абайя

maillot de bain

купальник

maillot short

плавки

culotte courte

шорты

survêtement

спортивный костюм

tablier

фартук

mitaines

перчатки

bouton

пуговица

lunettes

очки

bracelet

браслет

collier

цепочка

bague

кольцо

boucle d'oreille

серьга

tuque

шапка

cintre

вешалка

chapeau

шляпа

cravate

галстук

fermeture à glissière

застежка молния

casque

шлем

bretelles

подтяжки

uniforme scolaire

школьная форма

uniforme

форма

bavoir

детский нагрудник

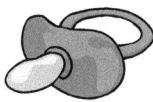
mannequin

соска

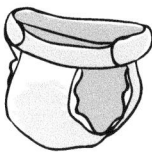
couche

подгузник

## bureau
## офис

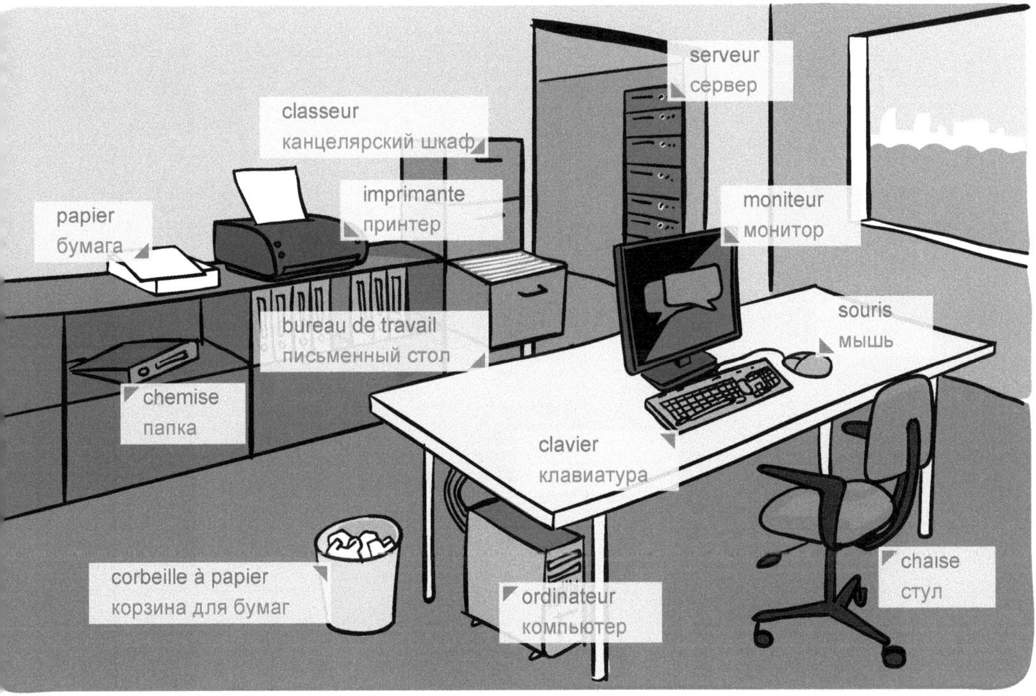

- serveur — сервер
- classeur — канцелярский шкаф
- imprimante — принтер
- moniteur — монитор
- papier — бумага
- bureau de travail — письменный стол
- souris — мышь
- chemise — папка
- clavier — клавиатура
- corbeille à papier — корзина для бумаг
- ordinateur — компьютер
- chaise — стул

grande tasse à café

кофейная кружка

calculatrice

калькулятор

Internet

интернет

ordinateur portable

ноутбук

lettre

письмо

message

сообщение

téléphone cellulaire

мобильный телефон

réseau

сеть

photocopieur

ксерокс

logiciel

программа

téléphone

телефон

prise de courant

розетка

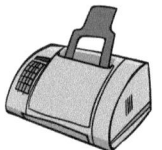

télécopieur

факс

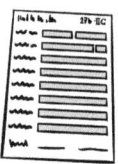

formulaire

формуляр

document

документ

# économie
## экономика

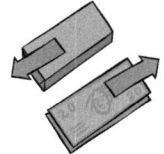
acheter
покупать

payer
платить

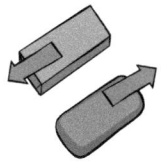
commercer
торговать

argent
деньги

dollar
доллар

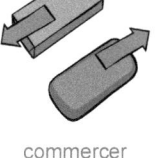

euro
евро

yen
иена

rouble
рубль

franc suisse
франк

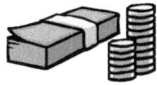
renminbi yuan
жэньминьби юань

roupie
рупия

distributeur de billets
банкомат

bureau de change

пункт обмена валюты

or

золото

argent

серебро

pétrole

нефть

énergie

энергия

prix

цена

contrat

договор

taxe

налог

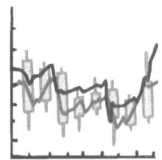

actions

акция

travailler

работать

employé

служащий

employeur

работодатель

usine

фабрика

magasin

магазин

# professions
# профессии

**agent de police** — милиционер

**pompier** — пожарный

**pilote** — пилот

**cuisinier** — повар

**docteur** — врач

jardinier

садовник

charpentier

столяр

couturier

швея

juge

судья

pharmacien

химик

acteur

актёр

chauffeur d'autobus
водитель автобуса

chauffeur de taxi
таксист

pêcheur
рыбак

femme de ménage
уборщица

couvreur
кровельщик

serveur
официант

chasseur
охотник

peintre
художник

boulanger
пекарь

électricien
электрик

constructeur de bâtiments
строитель

ingénieur
инженер

boucher
мясник

plombier
сантехник

facteur
почтальон

soldat
солдат

architecte
архитектор

caissier
кассир

fleuriste
флорист

coiffeur
парикмахер

chef de train
кондуктор

mécanicien
механик

capitaine
капитан

dentiste
зубной врач

scientifique
ученый

rabbin
раввин

imam
имам

moine
монах

ecclésiastique
священник

# outils
## инструменты

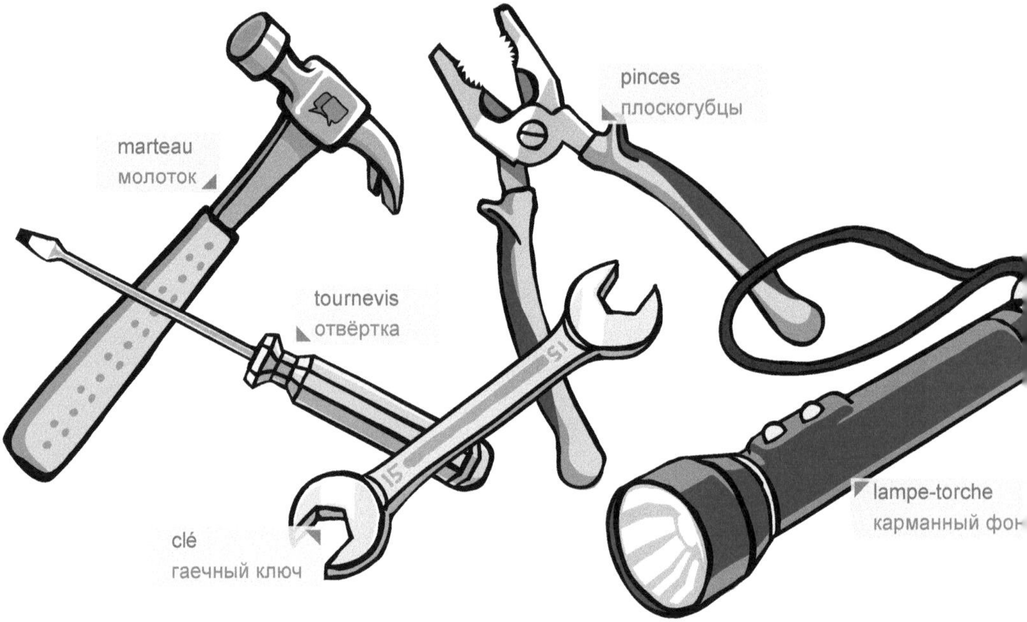

marteau
молоток

pinces
плоскогубцы

tournevis
отвёртка

clé
гаечный ключ

lampe-torche
карманный фон[арик]

excavatrice
экскаватор

boîte à outils
ящик для инструментов

échelle
стремянка

scie
пила

clous
гвозди

perceuse
дрель

réparer
ремонтировать

pelle
лопата

tabarnouche
Блин!

pelle à poussière
совок

pot de peinture
ведро с краской

vis
винты

## instruments de musique
### музыкальные инструменты

haut-parleur
громкоговоритель

batterie
ударный инструмент

guitare
гитара

contrebasse
контрабас

trompette
труба

piano
пианино

violon
скрипка

basse
бас-гитара

timbales
литавры

tambour
барабан

synthétiseur
синтезатор

saxophone
саксофон

flûte
флейта

microphone
микрофон

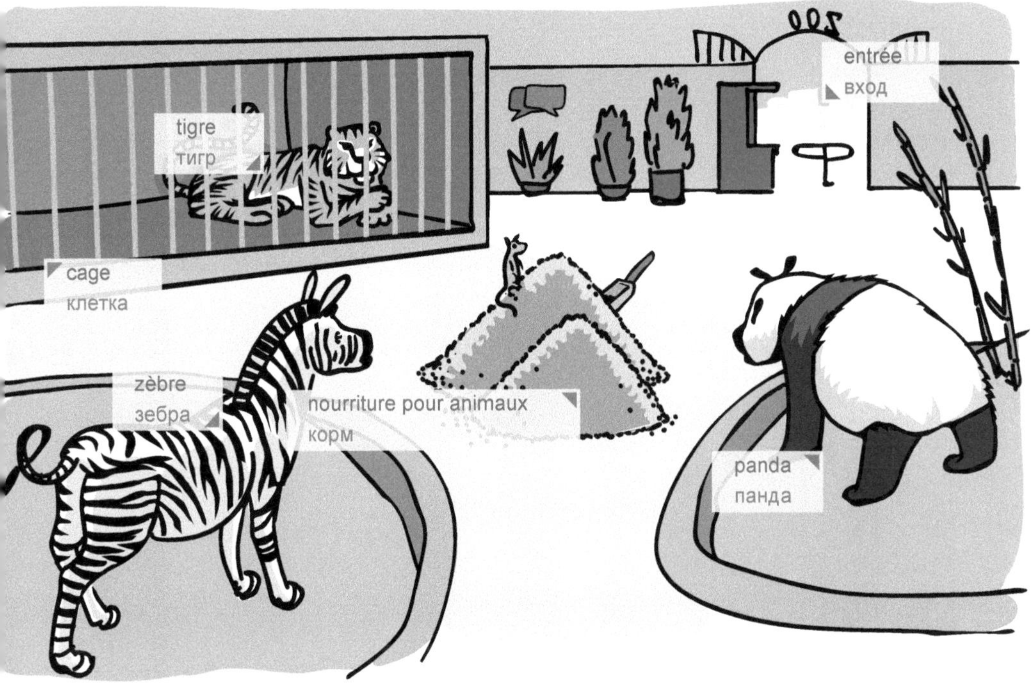

# zoo
# зоопарк

- tigre / тигр
- cage / клетка
- zèbre / зебра
- nourriture pour animaux / корм
- entrée / вход
- panda / панда

animaux

животные

éléphant

слон

kangourou

кенгуру

rhinocéros

носорог

gorille

горилла

ours

медведь

chameau

верблюд

autruche

страус

lion

лев

singe

обезьяна

flamand rose

фламинго

perroquet

попугай

ours polaire

белый медведь

pingouin

пингвин

requin

акула

paon

павлин

serpent

змея

crocodile

крокодил

gardien de zoo

служитель зоопарка

phoque

тюлень

jaguar

ягуар

poney

пони

léopard

леопард

hippopotame

бегемот

girafe

жираф

aigle

орёл

sanglier

кабан

poisson

рыба

tortue

черепаха

morse

морж

renard

лиса

gazelle

газель

zoo - зоопарк

# sports
# спорт

## activités
## действия

avoir
иметь

faire
делать

être
быть

être debout
стоять

courir
бежать

tirer
тянуть

jeter
бросать

tomber
падать

s'allonger
лежать

attendre
ждать

porter
носить

s'asseoir
сидеть

s'habiller
надевать

dormir
спать

se réveiller
просыпаться

activités - действия

regarder
рассматривать

pleurer
плакать

caresser
гладить

peigner
причесывать

parler
говорить

comprendre
понимать

demander
спрашивать

écouter
слушать

boire
пить

manger
кушать

ranger
наводить порядок

aimer
любить

cuisiner
готовить

conduire
ехать

voler
летать

activités - действия

faire de la voile
ходить под парусом

calculer
считать

lire
читать

apprendre
учиться

travailler
работать

se marier
вступать в брак

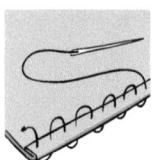
coudre
шить

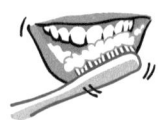
brosser les dents
чистить зубы

tuer
убивать

fumer
курить

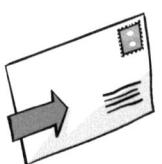
envoyer
отправлять

# famille
# семья

grand-mère / бабушка
grand-père / дедушка
père / папа
mère / мама
bébé / младенец
fille / дочь
fils / сын

invité
гость

tante
тетя

oncle
дядя

frère
брат

sœur
сестра

# corps
# тело

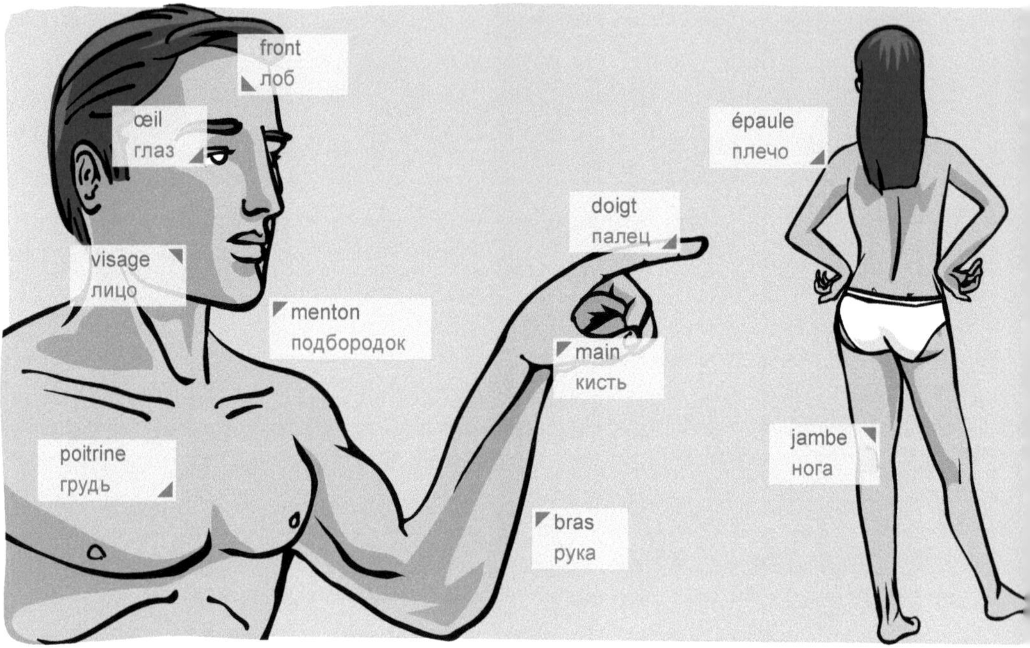

front / лоб
œil / глаз
visage / лицо
menton / подбородок
poitrine / грудь
doigt / палец
main / кисть
bras / рука
épaule / плечо
jambe / нога

bébé
младенец

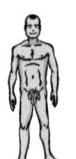

homme
мужчина

femme
женщина

fille
девочка

garçon
мальчик

tête
голова

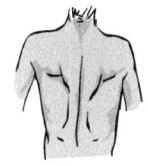
dos
спина

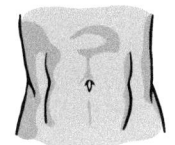
ventre
живот

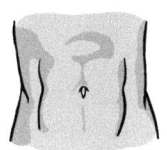
nombril
пупок

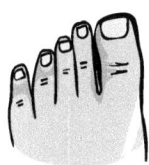
orteil
палец ноги

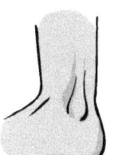
talon
пятка

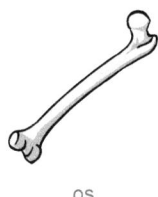
os
кость

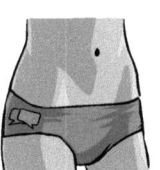
hanche
бедро

genou
колено

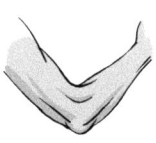
coude
локоть

nez
нос

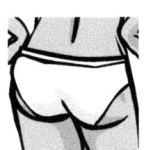
derrière
ягодицы

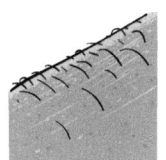
peau
кожа

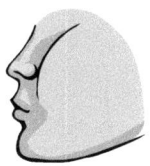
joue
щека

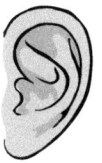
oreille
ухо

lèvre
губа

corps - тело

bouche
рот

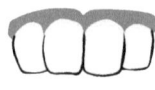
dent
зуб

langue
язык

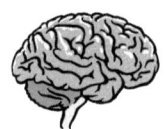
cerveau
мозг

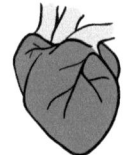
cœur
сердце

muscle
мышца

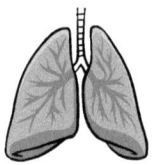
poumon
лёгкое

foie
печень

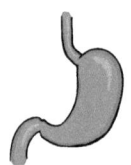
estomac
желудок

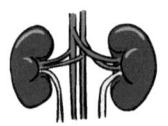
reins
почки

rapport sexuel
половой акт

condom
презерватив

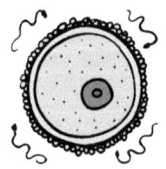
ovule
яйцеклетка

sperme
сперма

grossesse
беременность

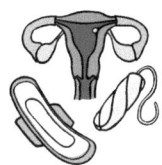
menstruation
менструация

vagin
вагина

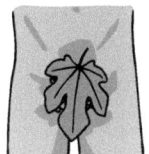
pénis
пенис

sourcil
бровь

cheveux
волосы

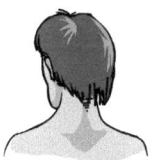
cou
шея

# hôpital
# больница

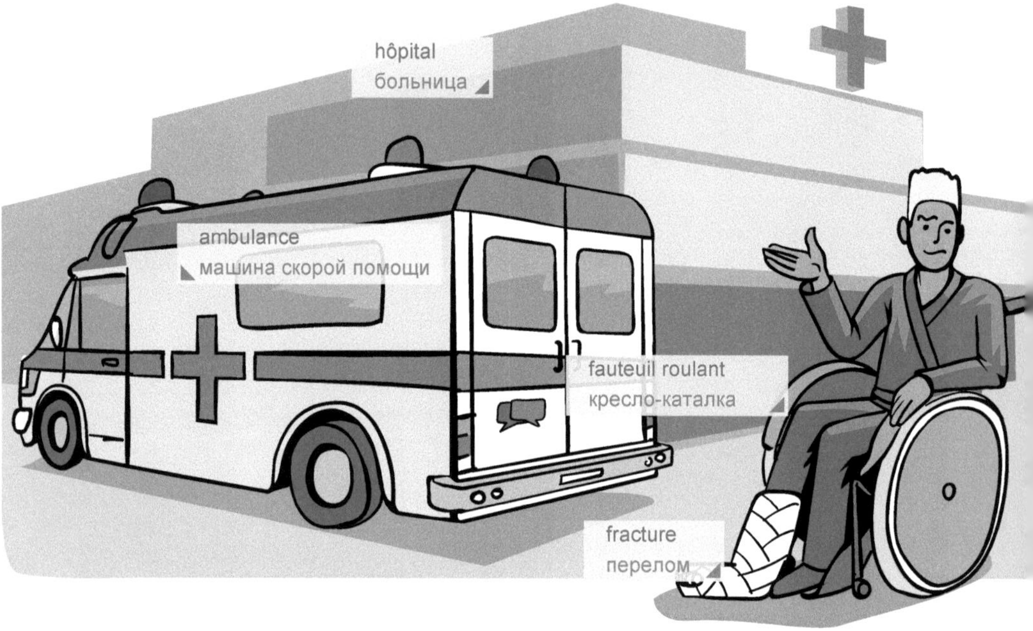

hôpital
больница

ambulance
машина скорой помощи

fauteuil roulant
кресло-каталка

fracture
перелом

docteur
врач

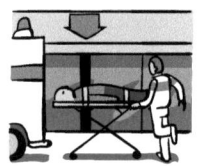

salle des urgences
пункт первой помощи

infirmier
медсестра

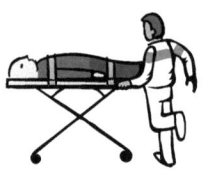

urgence
неотложный случай

inconscient
без сознания

douleur
боль

blessure
повреждение

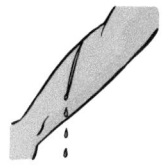
saignement
кровотечение

crise cardiaque
инфаркт

AVC
инсульт

allergie
аллергия

toux
кашель

fièvre
повышенная температура

grippe
грипп

diarrhée
понос

mal de tête
головная боль

cancer
рак

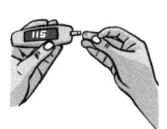
diabète
диабет

chirurgien
хирург

scalpel
скальпель

opération
операция

hôpital - больница

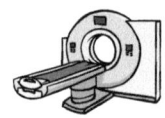

tomodensitométrie

КТ

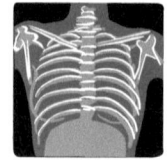

radiographie

рентген

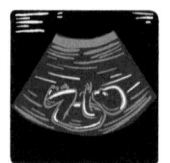

ultrason

ультразвук

masque

маска

maladie

болезнь

salle d'attente

приёмная

béquille

костыль

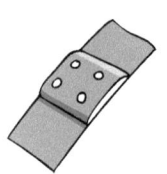

sparadrap

пластырь

bandage

бинт

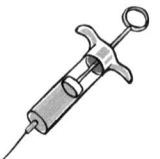

injection

укол

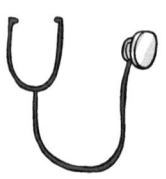

stéthoscope

стетоскоп

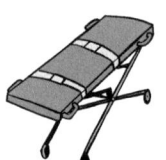

brancard

носилки

thermomètre médical

термометр

accouchement

рождение

excès de poids

избыточный вес

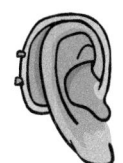

appareil auditif

слуховой аппарат

désinfectant

дезинфекционное средство

infection

инфекция

virus

вирус

VIH / Sida

ВИЧ / СПИД

médicament

лекарство

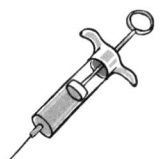

vaccination

прививка

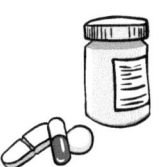

comprimés

таблетки

pilule

противозачаточная таблетка

appel d'urgence

экстренный вызов

tensiomètre

прибор для измерения кровяного давления

malade / en bonne santé

больной / здоровый

hôpital - больница

# urgence
## неотложный случай

Au secours !
Помогите!

alarme
сигнал тревоги

assaut
нападение

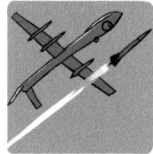
attaque
атака

danger
опасность

sortie de secours
запасной выход

extincteur
огнетушитель

accident
несчастный случай

Au feu !
Пожар!

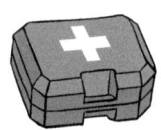
trousse de premiers soins
аптечка

SOS
SOS

police
милиция

# Terre
## земля

Europe

Европа

Amérique du Nord

Северная Америка

Amérique du Sud

Южная Америка

Afrique

Африка

Asie

Азия

Australie

Австралия

océan Atlantique

Атлантический океан

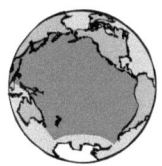

océan Pacifique

Тихий океан

océan Indien

Индийский океан

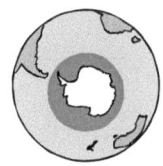

océan Antarctique

Антарктический океан

océan Arctique

Северный Ледовитый океан

Pôle Nord

Северный полюс

Pôle Sud — Южный полюс

Antarctique — Антарктика

Terre — земля

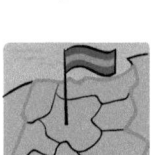  

terre — суша

mer — море

île — остров

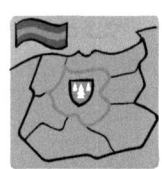

nation — нация

État — государство

# heure
## часы

cadran

циферблат

aiguille des heures

часовая стрелка

aiguille des minutes

минутная стрелка

aiguille des secondes

секундная стрелка

Quelle heure est-il ?

Который час?

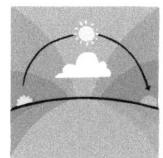

jour

день

temps

время

maintenant

сейчас

montre à affichage numérique

электронные часы

minute

минута

heure

час

# semaine
## неделя

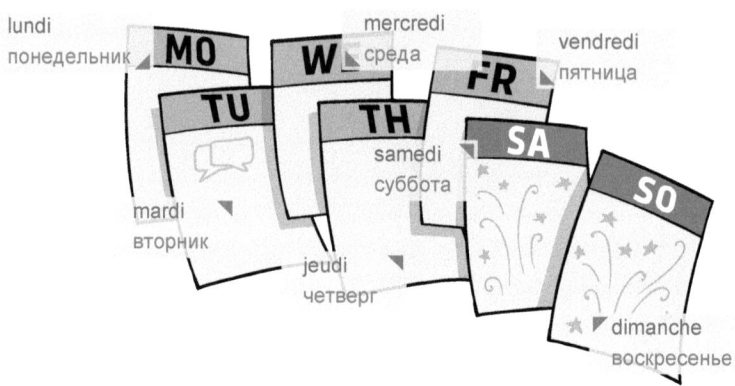

lundi / понедельник
mardi / вторник
mercredi / среда
jeudi / четверг
vendredi / пятница
samedi / суббота
dimanche / воскресенье

hier
вчера

aujourd'hui
сегодня

demain
завтра

matin
утро

midi
полдень

soir
вечер

jours ouvrables
рабочие дни

fin de semaine
выходные

# année
# год

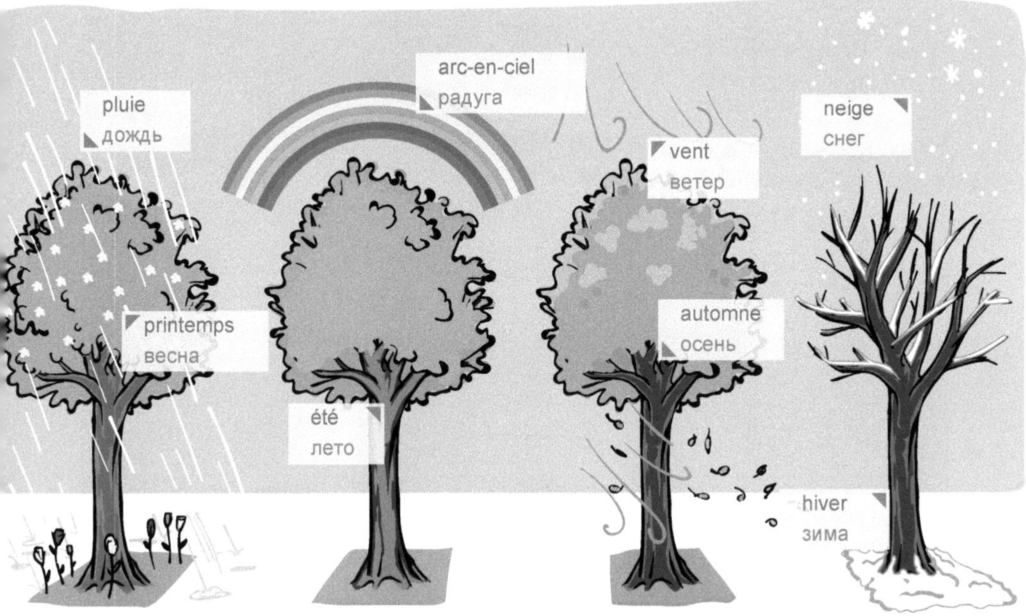

pluie / дождь
arc-en-ciel / радуга
neige / снег
vent / ветер
printemps / весна
été / лето
automne / осень
hiver / зима

prévisions météorologiques

прогноз погоды

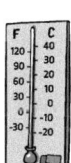

thermomètre

термометр

rayons du soleil

солнечный свет

nuage

туча

brouillard

туман

humidité

влажность воздуха

foudre
молния

tonnerre
гром

tempête
буря

grêle
град

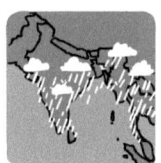

mousson
муссон

inondation
наводнение

glace
лёд

janvier
январь

février
февраль

mars
март

avril
апрель

mai
май

juin
июнь

juillet
июль

août
август

année - год

septembre

сентябрь

octobre

октябрь

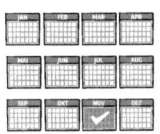

novembre

ноябрь

décembre

декабрь

## formes
## формы

cercle

круг

carré

квадрат

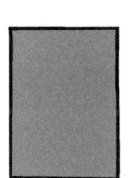

rectangle

прямоугольник

triangle

треугольник

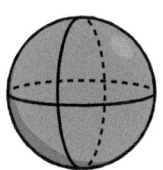

sphère

шар

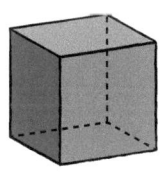

cube

куб

# couleurs
## цвета

blanc

белый

jaune

желтый

orange

оранжевый

rose

розовый

rouge

красный

violet

лиловый

bleu

синий

vert

зелёный

marron

коричневый

gris

серый

noir

черный

# opposés
# противоположности

beaucoup / un peu

много / мало

en colère / calme

яростный / мирный

beau / laid

красивый / уродливый

début / fin

начало / конец

grand / petit

большой / маленький

lumineux / sombre

светлый / темный

frère / sœur

брат / сестра

propre / sale

чистый / грязный

complet / incomplet

полный / неполный

jour / nuit

день / ночь

mort / vivant

мёртвый / живой

large / étroit

широкий / узкий

comestible / non comestible

съедобный / несъедобный

méchant / gentil

злой / дружелюбный

être enthousiaste / s'ennuyer

взволнованный / скучающий

gros / mince

толстый / худой

premier / dernier

сначала / в конце

ami / ennemi

друг / враг

plein / vide

полный / пустой

dur / mou

твёрдый / мягкий

lourd / léger

тяжёлый / легкий

faim / soif

голод / жажда

malade / en bonne santé

больной / здоровый

illégal / légal

незаконный / законный

intelligent / stupide

умный / глупый

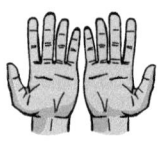

gauche / droite

слева / справа

proche / loin

близко / далеко

neuf / usagé

новый / подержанный

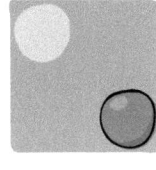

rien / quelque chose

ничто / нечто

vieux / jeune

старый / молодой

marche / arrêt

включено / выключено

ouvert / fermé

открыто / закрыто

calme / bruyant

тихо / громко

riche / pauvre

богатый / бедный

correct / incorrect

правильный / неправильный

rugueux / lisse

шероховатый / гладкий

triste / heureux

печальный / счастливый

court / long

короткий / длинный

lent / rapide

медленный / быстрый

mouillé / sec

мокрый / сухой

chaud / froid

тёплый / прохладный

guerre / paix

война / мир

opposés - противоположности

# nombres
## цифры

**0** zéro — ноль

**1** un — один

**2** deux — два

**3** trois — три

**4** quatre — четыре

**5** cinq — пять

**6** six — шесть

**7** sept — семь

**8** huit — восемь

**9** neuf — девять

**10** dix — десять

**11** onze — одиннадцать

**12**
douze
двенадцать

**13**
treize
тринадцать

**14**
quatorze
четырнадцать

**15**
quinze
пятнадцать

**16**
seize
шестнадцать

**17**
dix-sept
семнадцать

**18**
dix-huit
восемнадцать

**19**
dix-neuf
девятнадцать

**20**
vingt
двадцать

**100**
cent
сто

**1.000**
mille
тысяча

**1.000.000**
million
миллион

# langues
## языки

anglais

английский

anglais américain

американский английский

chinois mandarin

мандаринский китайский

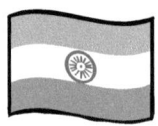

hindi

хинди

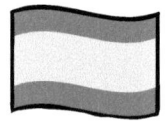

espagnol

испанский

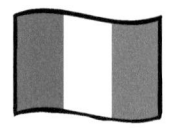

français

французский

arabe

арабский

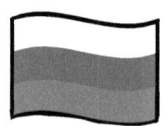

russe

русский

portugais

португальский

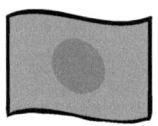

bengali

бенгальский

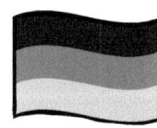

allemand

немецкий

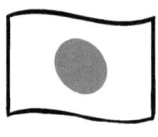

japonais

японский

# qui / quoi / comment
# кто / что / как

je
я

tu
ты

il / elle / ce, c', cela
он / она / оно

nous
мы

vous
вы

ils / elles
они

qui ?
кто?

quoi ?
что?

comment ?
как?

où ?
где?

quand ?
когда?

nom
имя

# où
# где

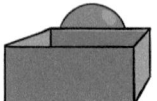

derrière

за

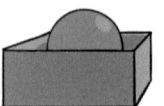

dans

в

devant

перед

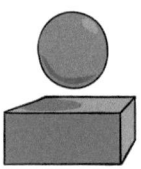

au-dessus

над

sur

на

en dessous

под

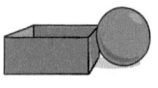

à côté de

рядом

entre

между

endroit

место